CONCILIATION INTERNATIONALE

Une manifestation Franco - Américaine

RÉCEPTION DU GROUPE INTERPARLEMENTAIRE FRANÇAIS DE L'ARBITRAGE

EN L'HONNEUR DE

S. E. M. L'AMBASSADEUR DES ETATS-UNIS A PARIS

ET DE MADAME ROBERT BACON

(5 MARS 1912)

LIBRAIRIE CH. DELAGRAVE

15, RUE SOUFFLOT, PARIS

1912

CONCILIATION INTERNATIONALE

Une manifestation Franco - Américaine

RÉCEPTION DU GROUPE INTERPARLEMENTAIRE FRANÇAIS DE L'ARBITRAGE

EN L'HONNEUR DE

S. E. M. L'AMBASSADEUR DES ETATS-UNIS A PARIS
ET DE MADAME ROBERT BACON

(5 MARS 1912)

LIBRAIRIE CH. DELAGRAVE

15, RUE SOUFFLOT, PARIS

1912

LA RÉCEPTION

DE M. L'AMBASSADEUR R. BACON

AU SÉNAT

Le groupe interparlementaire français de l'arbitrage international a consacré sa séance du Mardi 5 Mars à une manifestation imposante de sympathies en l'honneur de S. E. l'Ambassadeur des Etats-Unis à Paris et de Madame Robert Bacon, avant leur départ de France.

Cette séance s'est tenue exceptionnellement dans la salle de l'ancienne Chapelle du Sénat, en raison du très grand nombre, — (environ 600 à 700 personnes), — des membres du Parlement qui avaient tenu à y assister avec leur famille et une élite d'invités du Groupe. La salle avait été gracieusement décorée pour la circonstance et ornée d'une profusion des plus belles plantes vertes des serres du palais. Les secrétaires du groupe, MM. Fromageot, Piogey, Woillet, Jaudon, Troubat, Berger, secondés par quelques volontaires et par le personnel du Sénat obligeamment mis à leur disposition par l'habituel empressement de la questure, ont fait en sorte que tout le monde ou tout au moins la majeure partie des personnes venues pour entrer pût être placée à l'heure exacte.

La séance annoncée pour deux heures a pu être ouverte à deux heures et quart et terminée avant trois heures.

Plusieurs sénateurs et députés, des membres du gouvernement, retenus par la séance de la Chambre ou par des séances de Commission convoquées à la même heure, s'étaient excusés par lettres ou par télégrammes, notamment M. Léon Bourgeois, M. le Président de la Chambre des Députés, MM. Paul Deschanel, Denys Cochin, etc.

Avaient pris place au bureau, M. d'Estournelles de Constant, M. le Président du Sénat, M. le Président du Conseil, M. Emile Labiche, président d'honneur du groupe, MM. Gaston

Menier, E. Flandin, de la Batut, vice-présidents.

Dans l'assistance on remarquait M. Emile Loubet, ancien Président de la République, assis à côté de Madame et de Mademoiselle Bacon ; M. A. Briand, garde des sceaux, ancien président du Conseil ; M. Lépine, Préfet de police ; M. de Selves, M. le Gouverneur de la Banque de France et Madame Pallain, M. le Général Brugère, M. le Général Dalstein, M. Vidal de La Blache, M. le Pasteur Wagner, H. Michel, Comte Charles de Lesseps, Comte d'Alsace, prince d'Hénin, M. Auguste Rodin, Madame Poincaré, Madame Alexandre Ribot, Madame et Mademoiselle d'Estournelles de Constant, M. et Madame Stephen Pichon, Mademoiselle A. Dubost, Madame la Comtesse de la Batut et Mademoiselle Hélène de la Batut, Madame S. Bogelot, M. et Madame Leboucq, M. et Madame Lillie ; M. Armand Mollard, Directeur du protocole, M. Jean d'Estournelles de Constant, M. et Madame G. Rudler, M. et Madame J. Prudhommeaux, MM. A. Decrais, Guérin, J. Siegfried, Léon Barbier, Philippe Berger, Codet, Couyba, Messimy, Cauvin, Empereur, Gervais, Noël, Goirand, Mollard, A. Périer, A. Ratier, Rivet,

Surreaux, Louis Baudet, Colin, Cordelet, Gaston Bérardi, Gaston Deschamps, Bailly-Blanchard, de Grandmaison, Joseph Reinach, et un grand nombre de personnalités françaises et de notabilités de la colonie américaine.

*
* *

M. d'Estournelles de Constant ouvre la séance, après avoir excusé les absents, en remerciant tout d'abord les Membres du Groupe d'être venus, plus nombreux que jamais, à cette séance ; il a remercié particulièrement ceux des membres du Parlement, à commencer par M. le Président du Conseil, qui, sans appartenir au groupe, n'en ont pas moins tenu à prendre part à la manifestation ; il a fait observer que les divisions naturelles et nécessaires du Parlement n'empêchaient pas ses membres de s'unir, le moment venu, dans un même élan, toutes les fois qu'un intérêt ou un sentiment national supérieur était en jeu, et qu'aujourd'hui par excellence tous, présents ou absents, sans distinction de partis, étaient unanimes dans leur attachement à l'amitié franco-américaine.

Il a exprimé au Président du Sénat la gratitude de ses collègues ; il a remercié enfin

La réception du 5 mars 1912, au Sénat, par le Groupe parlementaire de l'Arbitrage.
MM. A. Briand, R. Bacon, Antonin Dubost, d'Estournelles de Constant, R. Poincaré, E. Labiche, A. Rodin, G. Menier.
Le Président du Conseil prononce son discours.

La réception du 5 mars 1912, au Sénat. L'entente cordiale franco-américaine.
M. R. Bacon prend congé de M. d'Estournelles de Constant.

les nombreux amis du groupe, français et américains, qui assistent à cette séance, puis s'adressant directement à l'Ambassadeur, il s'est exprimé en ces termes :

Discours de M. d'Estournelles de Constant

Monsieur l'Ambassadeur,

Si patriotiques et si naturels que soient les devoirs qui vous rappellent dans votre pays, si bienfaisante que soit la haute fonction d'éducateur qui vous y attend et que vous placez au-dessus de toutes les autres, nous avons, nous, Français, membres du groupe parlementaire de l'arbitrage, bien des motifs de regretter votre départ. Vous êtes un ami pour nous. Sans parler des sympathies personnelles que vous avez su conquérir dans les milieux divers où bat le cœur de la France, vous emportez l'estime de tous. *(Applaudissements).*

Votre ambassade était un foyer ; vous y représentiez votre pays ; on y trouvait aussi votre famille, modèle de cette famille américaine que nous ignorons, comme on ignore à l'étranger la famille française. Et c'est pourquoi nous avons tenu à associer Madame Bacon et vos enfants à cette manifestation des sentiments de cordiale confiance que vous laisserez parmi nous. *(Nouveaux applaudissements).*

Vous êtes un ami de la France, et par conséquent un ami de la justice ; vous n'avez jamais séparé ces deux mots ; vous croyez comme nous au bienfait de la coopération de nos deux pays, non seulement dans le passé, si glorieux soit-il, mais dans l'avenir. Nos deux Républiques sœurs ne manqueront pas à leur destinée ; elles resteront associées pour assurer le triomphe du droit dans le monde. *(Bravos et applaudissements répétés).*

Permettez-nous, cher ambassadeur, de vous offrir, en souvenir de cette séance où nous vous disons non pas adieu mais au revoir, une œuvre d'art française, un bronze du sculpteur Rodin, qui est venu se joindre à nous pour vous saluer.

Et à vous, Madame, cette médaille due à l'inspiration du peintre Carrière qui — peu de temps avant sa mort — avait voulu symboliser ce qu'il y a de meilleur et de plus pur dans notre programme de patriotique conciliation.

Par une délicate attention, le sculpteur Auguste Rodin avait tenu à assister à la séance, et c'est à lui que le Président laisse l'honneur de remettre à l'Ambassadeur le bronze admirable qui est son œuvre : « Une ombre de l'Enfer du Dante ».

M. Rodin s'avance et l'Ambassadeur lui serre la main, après avoir admiré le bronze, au milieu des applaudissements prolongés de la salle entière. De son côté, le Président du Sénat remet à Madame Robert Bacon la médaille qui lui est destinée.

M. Robert Bacon se lève ensuite et prononce en excellent français, au milieu de l'émotion générale, le discours suivant :

Discours de S. E. M. Robert Bacon

Monsieur le Président Loubet,
Monsieur le président du Sénat,
Monsieur le président du Conseil,
Mesdames, Messieurs,
Monsieur le Président,

Je ne trouve pas de mots pour vous exprimer ma haute appréciation de l'honneur que vous m'avez fait en me conviant à assister à cette séance du Groupe parlementaire de l'Arbitrage. Je suis également très touché de rencontrer ceux de vos collègues du Sénat et de la Chambre des députés et de vos amis qui, sans faire partie de votre groupe, ont voulu pourtant prendre part à cette manifestation.

Parmi tous les souvenirs que j'emporte de ma mission, il n'en est pas qui me sera plus cher que celui de l'accueil qui est fait aujourd'hui à mon pays en mon humble personne. *(Applaudissements).*

Par une attention encore plus délicate à laquelle je suis on ne peut plus sensible, avec cette bienveillance, cette amabilité et cette courtoisie qui sont le privilège de votre race, vous avez voulu comprendre les miens dans l'honneur qui m'est fait. Je vous en exprime mes sentiments de vive et profonde gratitude.

Ma femme et moi nous vous remercions de vos présents magnifiques. Ils orneront notre foyer et, devenus le précieux héritage de nos enfants, perpétueront parmi eux l'impérissable et douce souvenance de la belle France. *(Vifs applaudissements).*

Je m'associe de tout cœur aux sentiments qui viennent d'être si heureusement exprimés par votre éminent président, et, comme lui, je crois au bienfait de la coopération des deux grandes Républiques sœurs dans leur marche en avant dans la voie du progrès, vers l'idéal de l'humanité, vers toujours plus de liberté et plus de lumière, pour le triomphe du Droit dans le monde, en substituant à l’appel à la force l’appel à la justice. *(Très bien, très bien et applaudissements).*

J’ai l’intime conviction, en effet, que se dégageant enfin des nuages accumulés par la défiance et le scepticisme, un jour plus pur commence à poindre et que, dans un avenir prochain, nous verrons les nations marchant vers une opinion internationale qui sera, quoi qu’on en dise, la sanction la plus efficace de la loi internationale.

Le titre d’ami de la France que vous me décernez, mon cher président et ami, fait plus que de me toucher profondément ; j’en suis fier, car je me suis efforcé de le mériter dans le passé et je puis vous assurer qu’en quittant, avec plus de regret que je ne saurais dire, ce merveilleux Paris et votre beau pays, c’est un plus grand ami de la France qui part, que celui qui, il y a deux ans, vous est venu. *(Nouveaux applaudissements).* Rentré dans ma patrie, j’irai réclamer ma place parmi ceux de mes concitoyens qui ont à cœur d’être en quelque sorte les ambassadeurs volontaires de la France. *(Salve d’applaudissements répétés et prolongés).*

Après que l’explosion d’applaudissements qui accueillirent ce discours eut cessé, le Président du Conseil, Ministre des Affaires étrangères, se leva. Voici le texte de son allocution écoutée dans le plus profond silence interrompu seulement par des marques unanimes et chaleureuses d'approbation.

Discours du Président du Conseil

Monsieur l'Ambassadeur,

Je suis très reconnaissant au Groupe parlementaire de l'arbitrage d'avoir bien voulu associer à l'heureuse initiative qu'il a prise le ministre des affaires étrangères, et, en sa personne, le gouvernement de la République, et j'ai saisi avec empressement l'occasion qui m'était offerte d'apporter à Votre Excellence un témoignage public des sentiments dont je lui ai déjà donné l'assurance et dont elle connaît la sincérité.

En vous exprimant les regrets que nous cause votre prochain départ, M. d'Estournelles de Constant s'est fait l'éloquent interprète de tous ceux qui ont eu, depuis votre arrivée en France, la bonne fortune d'entrer avec vous en relations officielles ou privées.

Vous êtes venu parmi nous précédé d'une grande réputation politique. Nous savions avec quelle compétence et quelle autorité vous aviez rempli, sous la présidence de M. Roosevelt, les hautes fonctions de secré-

taire d'Etat assistant et de secrétaire d'Etat ;
nous savions avec quel succès vous vous étiez
acquitté de missions importantes à Cuba et à
Porto-Rico ; nous savions enfin avec quelle
activité et quelle ferveur vous vous étiez déjà
voué à la cause de l'arbitrage international.
(Vifs applaudissements).

A vous connaître et à vous fréquenter,
nous avons eu, en outre, le plaisir de trouver
en vous un amateur, très éclairé de la littéra-
ture et de l'art français, un érudit merveil-
leusement informé des moindres détails de
notre histoire nationale, et vous nous avez
prouvé sans peine que votre amitié pour la
France reposait sur une étude loyale et
attentive des choses de notre pays. *(Nouveaux applaudissements).*

Vous laisserez à Paris, Monsieur l'Ambassadeur, un souvenir qui ne s'effacera pas.
En nous séparant de vous, nous aurons du
moins la consolation de penser que, revenu
dans la grande République américaine, vous
y serez, suivant votre mot charmant, un
représentant volontaire des idées françaises.
(Très bien, très bien).

Vous nous aiderez ainsi — et nous vous en
remercions d'avance — à entretenir et à
resserrer, entre nos deux nations, des relations dont la cordialité ne s'est jamais démen-
tie et qui peuvent efficacement contribuer

dans l'avenir à la paix du monde et au progrès de la civilisation. *(Applaudissements unanimes)*.

Les discours terminés, M. le Président du Sénat offre son bras à Madame Bacon pour la conduire dans les salons du Sénat, où sont réunis ceux des membres de la Haute Assemblée qui n'ont pas pu assister à la séance.

La visite se termine par une coupe de champagne versée en l'honneur du représentant de la République des Etats-Unis, chacun se félicitant de cette belle journée à inscrire à l'actif du Groupe parlementaire français de l'Arbitrage et de l'Entente cordiale Franco-Américaine.